CUESTIÓN DE DINERO

Aprende las monedas

Conocimientos financieros

Linda Claire

Encontré 1 moneda de un centavo.

1¢

1 centavo

Encontré 9 monedas de un centavo más. Ahora tengo un total de 10 monedas de un centavo.

10 ¢

10 centavos

Pagué con 1 moneda
de cinco centavos.

5 ¢

5 centavos

Pagué con 9 monedas de cinco centavos más. Pagué con un total de 10 monedas de cinco centavos.

50 centavos

Ahorré 1 moneda
de diez centavos.

10 ¢

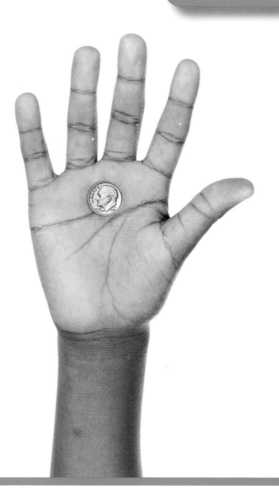

10 centavos

Ahorré 9 monedas de diez centavos más. Ahorré un total de 10 monedas de diez centavos.

100¢ o $1

100 centavos
o 1 dólar

Gané 1 moneda
de veinticinco
centavos.
¡Quiero ganar más!

25¢

25 centavos

⚙️ Resolución de problemas

Cuenta las monedas de la alcancía de Meg. Escribe lo que valen.

Monedas	¿Cuántas?	¿Cuál es su valor?

Soluciones

 : 7, 7¢

 : 2, 10¢

 : 4, 40¢

 : 1, 25¢

18

Asesoras

Nicole Belasco, M.Ed.
Maestra de jardín de niños, Distrito Escolar Colonial

Colleen Pollitt, M.A.Ed.
Maestra de apoyo de matemáticas, Escuelas Públicas del Condado de Howard

Créditos de publicación

Rachelle Cracchiolo, M.S.Ed., *Editora comercial*
Conni Medina, M.A.Ed., *Redactora jefa*
Dona Herweck Rice, *Realizadora de la serie*
Emily R. Smith, M.A.Ed., *Realizadora de la serie*
Diana Kenney, M.A.Ed., NBCT, *Directora de contenido*
June Kikuchi, *Directora de contenido*
Véronique Bos, *Directora creativa*
Robin Erickson, *Directora de arte*
Caroline Gasca, M.S.Ed., *Editora superior*
Stacy Monsman, M.A. y Karen Malaska, M.Ed., *Editoras*
Michelle Jovin, M.A. y Sam Morales, M.A., *Editores asociados*
Fabiola Sepúlveda, *Diseñadora gráfica*
Jill Malcolm, *Diseñadora gráfica básica*

Créditos de imágenes: Todas las imágenes provienen de iStock y/o Shutterstock.

Library of Congress Cataloging-in-Publication Data
Names: Claire, Linda, author.
Title: Cuestion de dinero. Aprende las monedas : conocimientos financieros / Linda Claire.
Other titles: Money matters. Find the money. Spanish | Aprende las monedas
Description: Huntington Beach, CA : Teacher Created Materials, Inc., [2020] | Series: Mathematics readers | Audience: K to grade 3. |
Identifiers: LCCN 2018052843 (print) | LCCN 2018055004 (ebook) | ISBN 9781425822873 (eBook) | ISBN 9781425828257 (pbk.)
Subjects: LCSH: Coins--Juvenile literature. | Money--Juvenile literature. | Mathematics--Juvenile literature.
Classification: LCC HG221.5 (ebook) | LCC HG221.5 .C5318 2020 (print) | DDC 332.4/043--dc23
LC record available at https://lccn.loc.gov/2018052843

Teacher Created Materials

5301 Oceanus Drive
Huntington Beach, CA 92649-1030
www.tcmpub.com

ISBN 978-1-4258-2825-7

© 2020 Teacher Created Materials, Inc.
Printed in China
Nordica.082019.CA21901320